AF388795

LA GUERRE

EST UN

MAL INÉVITABLE

LA GUERRE

EST UN

MAL INÉVITABLE

PAR LE

Général DRAGOMIROF

PARIS

HENRI CHARLES-LAVAUZELLE

Éditeur militaire

11, PLACE SAINT-ANDRÉ-DES-ARTS, 11

(Même maison à Limoges.)

LA GUERRE

EST UN

MAL INÉVITABLE

Lettre ouverte à M. Blioch.

Cher Monsieur,

Vous désirez connaître mon avis sur vos travaux relatifs
à la guerre. Excusez ma sincérité : ils produisent sur moi
l'effet d'une compilation très minutieuse et qui ne se dis-
tingue pas toujours par l'esprit de suite. D'ailleurs, nous
nous tenons à des points de vue complètement opposés;
aussi je doute que mon opinion puisse avoir quelque valeur pour vous. Ainsi, dans votre « *Précis historique des
idées relatives à la solution pacifique des conflits internationaux* », vous vous efforcez de démontrer que les protesta-
tions contre le militarisme arriveront peu à peu à écarter
complètement tous les conflits meurtriers. Pour ma part,
j'estime que cette solution pacifique est inadmissible parce
qu'elle est contraire à la loi fondamentale de la nature,
pour qui la destruction et la création sont également chè-
res (et également indifférentes); et en effet ne rien détruire
et ne rien créer, cela revient au même. Quoi que vous
vouliez créer, vous devez fatalement détruire quelque

chose. Par exemple, pour faire votre travail, vous avez épuisé ou détruit : 1º une quantité considérable de votre énergie nerveuse; 2º une masse de plumes, de papier, d'encre ordinaire et typographique; 3º vous avez dépensé (et par rapport à vous-même vous avez détruit) une somme importante d'argent. Et de même pour tout : une création suppose fatalement une destruction; et sans destruction il ne peut être question de création *dans quelque domaine que ce soit.* Toute la différence consiste dans l'objet à créer et dans la matière à détruire pour le créer. Pour certaines créations, on détruit du papier, des plumes, etc.; pour d'autres, on détruit du bois, des animaux; pour d'autres enfin, on extermine l'homme lui-même. L'instinct de la conservation personnelle se refuse certainement à admettre qu'il y ait des problèmes dont la solution exige à son tour, comme matériaux à détruire, l'homme lui-même; mais il en est ainsi et il n'en peut être autrement.

Les périodes de calme qui se produisent de temps en temps et qui paraissent, aux personnes adonnées à la sentimentalité ou au commerce, un acheminement vers la fin des guerres, ne sont autre chose que le calme précurseur de la tempête. Il y a autant de raison d'affirmer, par un temps clair et doux, qu'il n'y aura plus d'orages.

Tout le malheur de ceux qui raisonnent ainsi vient de ce qu'il y a un manque de suite dans leur logique; ils partent de cette proposition absolument exacte que la guerre est une chose mauvaise, et ils arrivent à cette conclusion, qui n'en découle pas du tout, qu'un temps viendra où il n'y aura plus de guerre.

La question n'est pas du tout de savoir si la guerre est une chose bonne ou mauvaise, mais de savoir *si elle est inévitable.*

Qu'elle soit contraire à l'instinct de la conservation personnelle, cela ne prouve absolument rien du tout : combien y a-t-il de choses qui sont également contraires à cet instinct et qui n'en subsistent pas moins, telles que les inondations, les ouragans, les épidémies, les famines, les tremblements de terre, etc.! Notre grand chirurgien Pirogof appelait la guerre une épidémie traumatique : remarque profonde, en ce sens qu'elle donne à la guerre un caractère indépendant de la volonté humaine. On peut certainement s'exercer sur le thème des guerres « pour les beaux yeux de madame », mais on oublie alors que, quand il y a des causes de guerre, les prétextes ne manquent jamais et que, s'il n'y a pas de causes véritables, les prétextes même les plus sérieux n'amènent pas la guerre. Si même on admet un pareil abus d'un procédé aussi sanglant que la guerre, on ne saurait y voir un argument contre la guerre ; car, quels ne sont pas les abus commis par l'homme!

Il faut aussi ne pas perdre de vue que ce qui paraît un abus aux uns n'est pour les autres qu'un emploi légal de la force pour la défense de leurs droits..... Admettez-vous la justesse de cette proposition, que la vérité doit être plus chère que la vie à l'homme bien élevé et à la nation digne de ce nom? Si vous l'admettez, vous devez admettre en même temps que telles conjonctures sont inévitables dans lesquelles vous devez être prêt à sacrifier votre vie pour la vérité ; si vous ne le reconnaissez pas, vous en arriverez peu à peu à ceci, que la vérité ne vaut pas la vie, ni même un sou brisé. Là, il n'y a pas de milieu et il ne peut y en avoir.

On peut, il est vrai, poser cette question : *Qu'est-ce que la vérité?* Cette question, si vous vous en souvenez, a déjà été posée dans une circonstance décisive ; mais elle ne reçut pas de réponse et ne pouvait en recevoir ; car Pilate aurait-il pu comprendre, si on lui avait dit, par exemple : La vérité est ce pour quoi l'homme est prêt à sacrifier sa vie? Certainement, il n'aurait pu comprendre. Il connaissait parfaitement des vérités dans le genre de celles-ci,

Où vaut-il mieux être procureur, auprès du roi des Juifs ou auprès d'un autre? Il savait où il fallait montrer du zèle et où il pouvait se laver les mains; où il pouvait piller sans crainte et où il devait s'en abstenir. Mais il s'intéressait probablement très peu aux vérités pour lesquelles on sacrifie son existence. Vous admettrez certainement que la vérité absolue est inaccessible à l'homme et que, par suite, la vérité à ses yeux est ce qu'il reconnaît, à un moment donné, pour la vérité. Quand deux vérités de ce genre sont opposées et se trouvent face à face, comment les concilier, et qui décidera quelle est la vérité la plus vraie des deux? Le Romain, par exemple, aurait pu dire au Chrétien : « Je suis citoyen romain et n'ai personne au-dessus de moi; toi, tu es un perturbateur de l'ordre établi. » Le Chrétien, de son côté, aurait pu répondre au Romain : « Et toi, tu es un serviteur du diable; il n'y a ni Grecs, ni Judéens; il n'y a que des frères en Christ. » Qu'en pensez-vous? Pouvaient-ils s'entendre? Et remarquez-le : dès qu'il s'engendre quelque chose de nouveau, ce qui est ancien ne peut manquer de s'efforcer de le détruire, s'il lui est opposé en principe, et cette collision cruelle et fatale ne peut cesser que quand l'humanité aura épuisé complètement toutes ses forces intellectuelles, c'est-à-dire, à proprement parler, quand elle mourra.

La distance qui nous sépare est bien indiquée par quelques-unes de vos citations, qui, à mon avis, démontrent que la guerre est fatale (même pour le seul butin de la victoire), tandis que, d'après vous, elles signifient qu'elle n'existera plus jamais. Ainsi, par exemple, la convention, intervenue entre les Romains et les Latins, qui affirmait, au début même, que la paix entre ces deux peuples « durerait tant que le ciel et la terre ne cesseraient pas d'exister » vous semble prouver que, dès cette époque, on avait songé à résoudre pacifiquement les conflits internationaux. On pourrait peut-être la considérer ainsi, si cette tendance morale vers une paix soi-disant éternelle n'avait été complétée de la façon suivante : « Les attaques seront repoussées par les forces combinées des deux pays et *le butin sera réparti également entre les deux peuples.* » Elle est bien bonne, cette paix éternelle, qui ne perd pas de vue le butin ! Deux bandes de brigands s'unissent pour piller avec plus de succès, et vous les prenez pour les prophétesses de la paix universelle !..... Vous me répondrez peut-être qu'elles se sont unies, non pour attaquer, mais pour se défendre : mais quel est le butin, quand on repousse une attaque ? D'ailleurs qui ne connaît la chicane romaine, de laquelle il ressortait toujours que ce n'étaient jamais les Romains qui avaient commencé la guerre et que c'étaient les autres qui la leur avaient déclarée ? Pauvres malheureux, tout le monde les attaquait ! Toutefois, la réalité montre que (à part Annibal et Pyrrhus) personne n'allait chez eux, tandis qu'ils envahirent tous les autres pays, tant que, naturellement, ils eurent la force pour eux. Cette tendance vers la paix, avouez-le, est assez originale ; ce n'est pas en vain que Tacite a dit quelque part : « Ils ont créé autour d'eux le désert et appellent cela la paix. »

Et tous les exemples que vous citez, si on les examine tant soit peu attentivement, amènent tous, à mon avis, à une conclusion directement opposée à la vôtre. Remarquez bien que je n'écris pas une apologie de la guerre, — Dieu m'en préserve ! Je suis le premier à dire que la guerre est une chose atroce, inhumaine, hideuse. J'affirme seulement qu'elle est, en même temps, inévitable. L'humanité, à l'exemple de son Divin Maître, peut s'écrier en suppliant : « Seigneur, éloigne de moi ce calice » ; mais elle ne doit pas oublier la fin de cette prière : « Mais qu'il soit fait selon Ta volonté et non selon la mienne » ; car, quand le temps en sera venu, le calice ne pourra être éloigné..... Et ce n'est pas un sophisme, mais une profonde vérité que Byron a dite, quand il a fait la remarque suivante : « J'aurais exprimé volontiers de l'aversion pour la guerre si je n'avais été convaincu que c'est elle seule qui sauve le monde de la moisissure et de la pourriture. » Remarquez le mot *convaincu*; c'est une expression décisive et absolue; ce n'est pas comme s'il avait dit « j'avais supposé », « s'il m'avait semblé » ou quelque chose dans ce genre.

Puis réapparaissent les histoires amusantes sur la force « brutale ». Ah! Messieurs! Messieurs! Mais ne vous vient-il donc pas à l'esprit que la transformation du droit de la Force « Brutale » en Force du Droit « Délicat » ne détruit pas le premier de ces droits, mais ne fait que le réduire à un état latent? Ne remarquez-vous pas que la force du Droit serait très faible si celui-ci n'avait derrière son dos l'agent de police et, derrière l'agent de police, le soldat, c'est-à-dire le Droit de la Force? Qui donne une force irrésistible aux condamnations délicates, comme celles qui vous envoient aux travaux forcés pour plusieurs années ou qui chassent une famille sans ressources à travers le monde pour satisfaire les prétentions « légales » de quelque Shylok? Ce doit être la foi dans l'impartialité du juge, dans l'inviolabilité de la loi écrite, n'est-ce pas?.....

Et c'est là le point fondamental de la diversité de nos vues. Nous nous tenons à des pôles opposés; chacun de nous encense ce que l'autre brûle. Aussi on comprend que, dans un cas pareil, l'avis de l'un ne puisse avoir beaucoup de valeur pour l'autre.

———

A vrai dire, j'aurais pu m'arrêter ici, mais je ne puis m'empêcher de dire quelques mots sur un autre point qui nous divise aussi radicalement; je veux parler de l'importance de l'arme blanche. Vous supposez qu'elle n'a plus actuellement aucune valeur; pour ma part, je suis convaincu qu'elle a été et restera toujours le représentant de la vaillance guerrière. La rareté des rencontres à l'arme blanche prouve l'anéantissement non pas de ses vertus, mais de la valeur de ceux qui ne sont pas capables de se battre à distance de baïonnette ou de sabre ; il ne faudrait peut-être pas d'ailleurs trop parler de cette nullité de l'arme blanche, même à des gens peu compétents dans ces questions, après la grande leçon morale donnée par les Abyssins. Vous qui êtes un homme indépendant, vous pouvez certainement vous permettre de tout dire, même ceci : que le socialisme est une réaction contre le militarisme, et non contre le capitalisme ; mais au point de vue militaire, la négation de l'arme blanche, c'est la **négation** du sacrifice et la justification de l'instinct de conservation ; c'est, plus simplement, l'apothéose de la lâcheté.

Agréez, etc.

Général Dragomirof.

Réplique d'un antimilitariste à la lettre adressée à M. Blioch (1).

Monsieur,

J'ai lu dans le *Razviedtchik* votre article intitulé « Réponse à Monsieur Blioch », et, tout en appréciant la justesse de quelques-unes de vos réflexions, je ne puis être d'accord avec vous sur le fond du sujet.

Vous démontrez que la disparition de la guerre est inadmissible parce qu'elle est contraire « à la loi de la nature, qui crée en détruisant ». Mais il y a destruction et destruction ; on peut détruire, quand cela est profitable et sensé ; mais détruire ses semblables, cela est contraire à l'huma-

---

(1) Publiée dans le *Razviedtchik* du 9/21 janvier 1897.

nité, sinon à la nature, pour laquelle, comme vous le dites, il est indifférent de créer ou de détruire.

Il est indubitable que l'humanité se perfectionne et, bon gré mal gré, elle en arrivera à cette conclusion que, comme la guerre est détestable, il faut la faire disparaître : par suite, avec le temps, il ne doit plus y avoir et il n'y aura plus de guerres. Pourquoi la guerre est-elle détestable ? Tout le monde le sait et depuis longtemps.

La guerre n'est pas inévitable parce qu'elle dépend, *non pas* de la nature, mais de l'homme lui-même, avec son libre arbitre, dont il est le maître. Et comme ce libre arbitre est étroitement lié avec les centres intellectuels, à mesure que ceux-ci se développent, le premier se soumet de plus en plus aux injonctions du bon sens et commence à prêter son aide aux buts humanitaires.

Depuis les temps les plus reculés jusqu'à nos jours on remarque l'action ininterrompue de la loi fondamentale qui guide l'humanité dans la voie de l'extinction des plaies qui déshonorent son existence (les persécutions religieuses, l'esclavage, le servage, etc.....). La guerre, qui appartient sans aucun doute au nombre de ces plaies, doit, par analogie, perdre peu à peu son prestige (on sait que le Moyen Age considérait la guerre comme une vaillante industrie) et disparaître, comme un moyen trop grossier de faire valoir les intérêts des gouvernements et des nations.

Plus loin, vous vous appuyez sur les paroles de Byron..... Je ne puis être d'accord avec vous.

Est-ce que le Moyen Age ne représente pas par lui-même une guerre sans fin ? Et cependant trouvez-vous dans l'histoire une époque plus sombre au point de vue du stationnement croupissant des connaissances humaines ? C'est de cette manière, à mon avis, que le poète a exprimé sa conviction, sous la pression d'un fait isolé, d'une circonstance spéciale : l'héroïsme des Grecs révoltés joue là un grand rôle. Toutefois, si l'on croit à la civilisation, on doit admettre qu'avec le temps la nécessité de pareils soulèvements fera place à d'autres procédés de défense de ses droits ; car les Turcs et les peuples qui leur ressemblent ne resteront pas éternellement au même degré d'ignorance où ils se trouvent actuellement.

Ainsi, d'après moi, la paix débarrasse l'homme de la moisissure et de la pourriture, sans empêcher l'intelligence de se consacrer tranquillement à son travail. La paix seule enrichit un siècle (soit, par exemple, le xixe) d'esprits féconds (comme, par exemple, Edison) qui, sous l'influence du militarisme, se seraient fatalement tournés vers la recherche des moyens de destruction ; et, probablement, à la place de ces hommes d'esprit et de science nous aurions eu de brillants capitaines, possédant le secret (admettons qu'il soit grand) d'éveiller à propos dans l'homme la bête féroce et de profiter de sa force destructive. Dans ces conditions, il est peut-être risqué d'affirmer qu'ils créent quelque chose.

Il serait certainement intéressant, Monsieur, d'obtenir de vous une réponse dans les colonnes du *Razviedtchik*, bien que, à vrai dire, il soit peu probable que nous arrivions à tomber d'accord sur cette question ; car, comme vous vous exprimez en vous adressant à M. Blioch, nous nous plaçons à des points de vue absolument opposés.

Je trouve plus particulièrement inexacte et décourageante votre affirmation que la paix ne sera éternelle que quand « l'humanité aura dépensé toute sa substance, c'est-à-dire mourra ». Une telle croyance serait capable, d'après moi, surtout maintenant, de précipiter l'homme dans les abîmes glacés du désespoir ! L'existence d'un mal ne fait pas forcément une loi de son éternité.

Nous pensons que, avec la fin de la guerre, commencera une ère nouvelle, une vie parfaite, purement spirituelle, idéale, dont l'homme profitera largement et heureusement pour développer dans des proportions énormes toute la puissance de son esprit, de son intelligence, au lieu de mourir « après avoir dépensé toute sa substance ».

En terminant, je vous prie encore une fois de vouloir bien ne pas me refuser une réponse et de dissiper mes doutes antimilitaires.

Recevez l'assurance, etc.

Un antimilitariste.

30 novembre 1896.

Réponse à un antimilitariste.

Vous désirez une réponse, ou plutôt une réplique à votre lettre, tout en reconnaissant vous-même que nous nous tenons à des points de vue absolument opposés ; vous ne soupçonnez même pas jusqu'à quel point cette opposition est grande. Vous prenez comme arguments des exclamations et des expressions d'une indignation prétendue de bon ton ; — je serais très heureux de les considérer comme tels, mais je ne le puis pas ; et je n'aurais certes pas répondu si je n'avais pas pensé que vous êtes peut-être militaire.

En premier lieu, vous opposez l'humanité à la nature ; mais est-ce qu'elle n'est pas une création de cette nature ? Et, par suite, est-ce qu'elle peut se tenir au-dessus de l'une quelconque de ses lois ?

En second lieu, vous estimez que la guerre dépend de l'homme et de sa « libre » volonté. Vous avez peut-être lu que la liberté de la volonté « est une illusion d'un être qui a conscience de lui comme cause, mais n'a pas conscience de lui comme effet » (1). Cela a été dit depuis longtemps

---

(1) Diderot.

déjà et avec vérité. La liberté de la volonté n'existe donc
que dans des limites assez restreintes. En la comprenant
comme vous, cela reviendrait à admettre qu'il peut y avoir
des effets sans cause. La pierre qui tombe, si elle pouvait cau-
ser, expliquerait certainement qu'elle tombe parce qu'elle
veut tomber. Cela aussi a été dit, il y a même longtemps.

En troisième lieu, la guerre doit disparaître parce qu'elle
est un procédé « grossier » pour faire valoir les intérêts
des gouvernements et des peuples. Que la guerre soit un
procédé poli ou grossier, cela n'a rien à faire en l'espèce;
car il y a eu, il y a et il y aura des buts que l'on ne peut
atteindre autrement que par la guerre. En conséquence,
d'après la logique, il vous faudrait précisément démontrer qu'il n'existe pas de questions qui ne peuvent être résolues que par les armes; et, au lieu de cela, vous em-
ployez des épithètes désagréables à l'adresse de la guerre;
vous la traitez de plaie, de procédé grossier. Ce ne sont
que des exclamations et non des arguments. Quand on
veut arriver à la vérité, on ne se borne pas à des conversa-
tions; on prend les faits, on les examine, sans parti pris,
sous toutes leurs faces et on ne passe pas sous silence ce
qu'on peut y trouver de désagréable. Le passage de la vie
gréco-romaine à la vie chrétienne, du catholicisme au pro-
testantisme, etc., pouvait-il s'opérer sans lutte sanglante ?
Certainement non. Et jamais des questions de cette sorte
ne pourront être résolues autrement qu'au moyen de cette
« plaie », de ce « procédé grossier ». Figurez-vous que la
solution de pareilles difficultés soit remise à des diploma-
tes ou, en général, à des gens de parole et non d'action, et
dites-moi, en conscience, s'ils pourraient arriver à un accord qui satisfît les groupes sociaux dont les convictions
seraient aussi contradictoires ?

Vous avouez vous-même que le XIXᵉ siècle est un siècle
de progrès; conséquemment, les guerres devraient y être
plus rares. Et cependant comptez combien de fois, durant

son cours, on a employé ce procédé grossier et à une échelle importante ; et si vous comptez les petites guerres, vous ne trouverez peut-être pas une seule année complètement pacifique. De 1800 à 1815, c'est une lutte ininterrompue, et quelle lutte ! Nous avons ensuite la guerre du Caucase, nos campagnes de Perse et de Turquie ; chez les Français, ce sont les guerres d'Algérie, de Crimée, d'Italie, du Mexique ; il y a la guerre de Sécession en Amérique, la campagne anglo-française en Chine, la guerre du Sleswig, la guerre austro-prussienne, la guerre franco-prussienne, la guerre serbe, notre campagne de Turquie, l'expédition française au Tonkin. Ajoutez à cela toutes les expéditions des Anglais dans les différentes contrées de l'univers et les querelles continuelles des républiques de l'Amérique du Sud. Comme vous le voyez, la liste est assez longue, bien qu'incomplète, et cela dans un siècle qui se targue, non sans raison, de sa civilisation et de sa culture intellectuelle. En y réfléchissant, vous conviendrez peut-être que si l'on peut rêver quelque chose, c'est uniquement de recourir moins souvent à ce procédé et nullement de s'en débarrasser à jamais. Mais les gens qui jugent comme vous affirment qu'avec le développement de la civilisation les guerres se feront plus rares. Elle est jolie, la rareté !

En quatrième lieu, quelle que soit l'impression qui ait amené Byron à exprimer son avis, il résulte, d'après vous, qu'il peut y avoir des cas où la guerre est inévitable. En ce qui concerne « le stationnement croupissant de la culture » au Moyen Age, il ne faut pas oublier que cette époque constitue la racine de la vie européenne : sans elle, nous ne serions pas ce que nous sommes et nous n'aurions pas cette civilisation. Un jeune homme riche et instruit aurait autant de raison de cracher sur ses ancêtres grossiers, qui lui ont amassé une fortune par toutes sortes de moyens bons ou mauvais et qui lui ont ainsi fourni les moyens de s'instruire, de mener joyeuse vie, de prendre des manières recherchées, etc. Si « l'héroïsme des Grecs révoltés jouait là un grand rôle », comme il vous le semble, Byron aurait fait mention de ce cas particulier et ne se serait pas exprimé en général.

En cinquième lieu, Edison vit, comme vous le savez, à une époque de militarisme à outrance et cependant il ne s'est pas appliqué à la recherche des moyens de destruction. Les vocations puissantes ne se détournent jamais de leur chemin ; et Edison, par exemple, n'aurait probablement jamais pu devenir un brillant et célèbre capitaine, et Napoléon, de son côté, ne serait jamais devenu un Edison ou un Fulton. Dans l'économie générale de la vie des masses, tous sont également nécessaires (si quelqu'un l'est) en vertu de cette grande parole de l'Evangile : « Dans la maison de mon père, il y a de nombreux habitants ».

Vos railleries relatives au « grand secret d'éveiller dans l'homme la bête féroce » sont, même si vous êtes civil, tout à fait déplacées et de mauvais goût ; car cette bête féroce ne se contente pas de tuer, elle périt elle-même et elle périt au nom de cette loi sublime de la charité chrétienne qui prescrit de donner sa vie pour ses amis. Une chose qui pousse l'homme à se dévouer jusqu'à la mort, et cela non pas instinctivement, non pas avec emportement, mais avec la pleine conscience de ce qu'il fait et de ce pour quoi il le fait, une telle chose ne perdra jamais sa grande et, en même temps, fatale importance dans la vie des masses, quelque contraire qu'elle soit aux intérêts de l'individualité. Il est impossible d'ailleurs de ne pas se souvenir que dans les rangs de ceux qui ont possédé « ce secret d'éveiller en l'homme la bête féroce » on compte Jeanne d'Arc, la pure jeune fille de dix-sept ans, inattaquable dans sa sublimité.

En sixième lieu, vous trouvez « qu'il est risqué d'affirmer que les grands capitaines créent quelque chose ! » — Ils créent *un nouvel ordre de choses*, et il n'y a que les aveugles qui ne le voient pas. Peut-être savez-vous vous-même combien il est devenu plus facile de vivre en Europe, grâce à la tempête napoléonienne, et combien, depuis cette époque, la vie européenne, la nôtre en particulier, a reçu un puissant développement. Il ne faut pas oublier, par exemple, que, avant les guerres de la Révolution, les petits potentats allemands s'occupaient de fournir des recrues, prises dans leurs sujets, à l'armée anglaise, naturellement contre argent sonnant. Pareille chose viendrait-elle maintenant à l'idée de quelqu'un, même en songe? Pour juger sainement de ces choses, il ne suffit pas de regarder le présent, il faut se souvenir aussi du passé.

En septième lieu, vous estimez particulièrement inexacte et décourageante cette proposition, que la paix éternelle n'est possible que dans le tombeau. Voilà l'affaire! Ce qui vous décourage est pour vous inexact. Autrement dit, vous niez ce qui vous déplaît. Il me semble qu'on doit examiner ces choses après avoir mis son sentiment dans sa poche, autrement il ne peut que vous dérouter.

La conception chrétienne de la vie constitue-t-elle un progrès sur la conception gréco-romaine? — Vous ne le nierez probablement pas? Etait-il possible de remplacer la seconde par la première sans verser le sang? Non certes. La naissance de quelque chose de nouveau entraîne toujours la mort de quelque chose d'ancien, qui ne s'arrache pas volontairement à la vie; comme conséquence, c'est la lutte, d'autant plus sanglante, d'autant plus sans merci, que le nouveau diffère plus, en principe, de l'ancien. Je l'ai exprimé assez clairement dans l'article auquel vous répondez; mais, à mon grand regret, cela n'a pas appelé votre attention. Quand donc, par suite, viendra le temps où il n'y aura plus de luttes? Uniquement quand ni dans le domaine intellectuel, ni dans le domaine matériel de la vie des masses, il ne s'élèvera plus rien de nouveau, autrement dit quand l'humanité aura dépensé ses ressources intellectuelles. Cela peut être désagréable, mais cela est exact : ou bien la vie et son compagnon inséparable, la lutte, ou bien la paix éternelle et l'éternel repos dans le bienheureux trépas.

La citation extraite de Flammarion n'est, à mon avis, qu'un amas de mots vides de sens, rien de plus. Si nous la dégageons des fleurs de l'éloquence, elle se résume en ceci : bien que la force règne sur le droit, les hommes reconnaissent toute la fausseté de cette situation. Permettez : si les hommes ont réellement cette conscience, qui peut les empêcher de quitter cette fausse situation pour la vraie ? La négation d'un principe ou d'un fait généralement répandu, au nom d'une fantaisie personnelle, peut être très agréable, mais ce n'est qu'un amusement inutile et illogique. Flammarion fait suivre cette phrase de vains *pia desideria* avec accompagnement de « soldats parasites », « monde à délivrer de cette honte », « la chemise du pestiféré, cette honte, cette sottise, qui porte le nom de budget de la guerre ». Tout cela montre seulement que M. Flammarion était fort en colère, mais cela ne prouve pas sa logique. Et quand on pense que si M. Flammarion peut écrire ses diatribes contre les troupes tranquillement et confortablement, c'est grâce à la protection de ces mêmes troupes ; quand on pense que ces soldats, parasites à son avis, sont dressés à l'école du renoncement, à l'habitude du travail en commun, à la discipline, c'est-à-dire à tout ce qui fait un véritable citoyen.....

Aux bons souhaits de M. Flammarion succèdent les vôtres et, soit dit à votre honneur et sans invective, je pense comme vous que l'humanité ne dépensera pas sa substance et, par suite, à chaque pas réel dans son développement elle devra recourir à la lutte armée. Actuellement l'Europe est à la veille d'une guerre entre le travail et le capital, vous le savez probablement aussi. Mais ce ne sont que des escarmouches d'avant-postes ; ce ne sont pas même des fleurettes, ce ne sont que des bourgeons, les fleurs et les fruits viendront après. Sans la force il n'y a pas de droit; elle est la source de tout droit, et, quand de l'état latent elle se montre au grand jour, elle exclut fatalement toutes ses dérivées. Montrez-moi une seule société qui existe sans troupes et sans police, sous une forme ou sous une autre, et nous pourrons alors parler de la force d'un droit qui n'a pas besoin d'être protégé par le droit de la force. Mais vous ne m'en montrerez pas une seule.

19/31 décembre 1896. Saint-Pétersbourg.

Paris et Limoges. — Imp. militaire Henri CHARLES-LAVAUZELLE.

www.ingramcontent.com/pod-product-compliance
Lightning Source LLC
LaVergne TN
LVHW010305190726
843502LV00014B/2530